FRANZ SCHUBERT

QUINTETT

FÜR 2 VIOLINEN, VIOLA UND 2 VIOLONCELLI

OPUS 163

C-DUR

HERAUSGEGEBEN VON

CARL HERRMANN

Violine I

EDITION PETERS

LONDON

Frankfurt   New York

QUINTETT

VIOLINO I.

Franz Schubert (1797–1828)
Op. 163. Komp 1828

Allegro ma non troppo

VIOLINO I.

SCHERZO
Presto

FRANZ SCHUBERT

QUINTETT

FÜR 2 VIOLINEN, VIOLA UND 2 VIOLONCELLI
OPUS 163

C-DUR

HERAUSGEGEBEN VON
CARL HERRMANN

Violine II

EDITION PETERS
LONDON
Frankfurt   New York

QUINTETT

VIOLINO II.

Franz Schubert (1797–1828)
Op. 163. Komp. 1828

Allegro ma non troppo

8159

VIOLINO II.

SCHERZO
Presto

Scherzo da capo

370 Più Allegro

Più Presto

FRANZ SCHUBERT

QUINTETT

FÜR 2 VIOLINEN, VIOLA UND 2 VIOLONCELLI
OPUS 163

C-DUR

HERAUSGEGEBEN VON

CARL HERRMANN

Viola

EDITION PETERS

LONDON
Frankfurt   New York

QUINTETT

VIOLA.

Franz Schubert (1797–1828)
Op. 163. Komp. 1828.

Allegro ma non troppo

8159

VIOLA.

8159

VIOLA.

VIOLA.

SCHERZO

Presto

VIOLA.

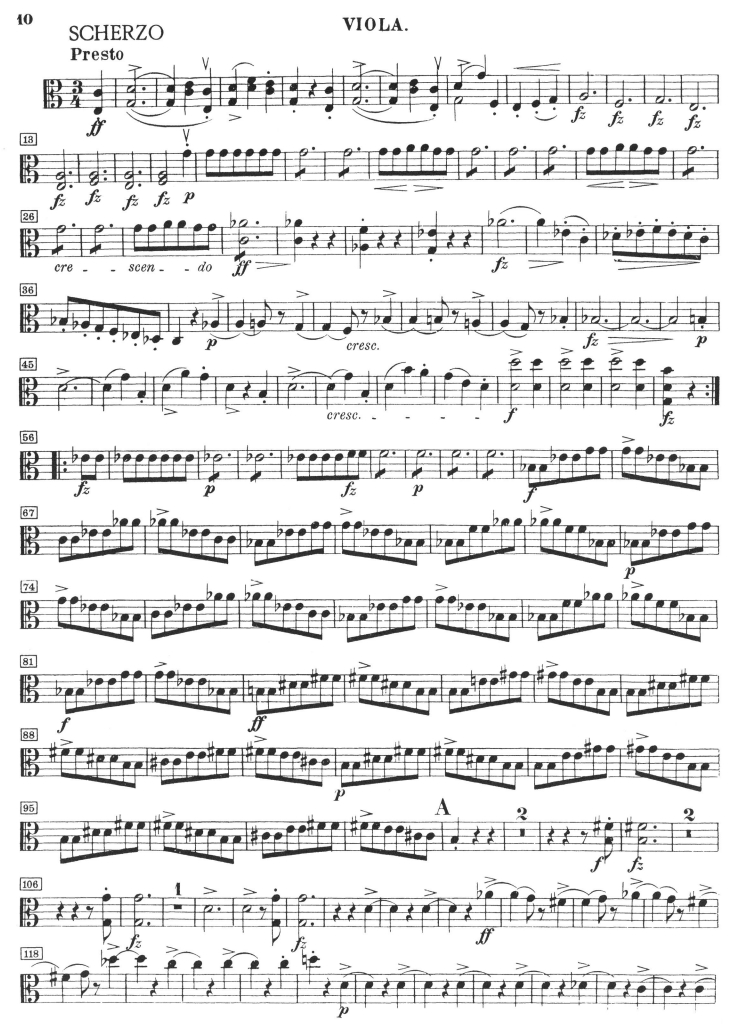

8159

VIOLA.

8159

FRANZ SCHUBERT

QUINTETT

FÜR 2 VIOLINEN, VIOLA UND 2 VIOLONCELLI
OPUS 163

C-DUR

HERAUSGEGEBEN VON
CARL HERRMANN

Violoncello I

EDITION PETERS

LONDON

Frankfurt   New York

QUINTETT

VIOLONCELLO I.*)

Franz Schubert (1797–1828)
Op. 163. Komp. 1828

Allegro ma non troppo

*) Fingersatz von H. Münch-Holland
Edition Peters Nr. 775

8159

4

SCHERZO
Presto

VIOLONCELLO I.

FRANZ SCHUBERT

QUINTETT

FÜR 2 VIOLINEN, VIOLA UND 2 VIOLONCELLI
OPUS 163
C-DUR

HERAUSGEGEBEN VON
CARL HERRMANN

Violoncello II

EDITION PETERS
LONDON
Frankfurt   New York

QUINTETT

VIOLONCELLO II.*)

Franz Schubert (1797–1828)
Op. 163. Komp. 1828

Allegro ma non troppo

*) Fingersatz von H. Münch-Holland
Edition Peters Nr. 775

8159

VIOLONCELLO II.

SCHERZO
Presto

VIOLONCELLO II.

8159

Printed by Caligraving Limited Thetford Norfolk England